時間割表（　　　　　　　）

曜 時	月	火	水	木	金	土
1						
2						
3						
4						
5						
6						

時間割表（　　　　　　　）

曜 時	月	火	水	木	金	土
1						
2						
3						
4						
5						
6						

時間割表（　　　　　　　）

曜 時	月	火	水	木	金	土
1						
2						
3						
4						
5						
6						

【ペタペタボードの使い方】
巻頭のちょっと厚めの色紙ページ（ペタペタボード）に年間を通して
参照するプリント類（例：日課表、分掌一覧、当番表…
おくと、いつでもサッと見ることができ…

【ワンポイント・ア…
図のように、ペタペタボー…
と、ノートを開きながら同時…
年間予定表やクラス名簿など…

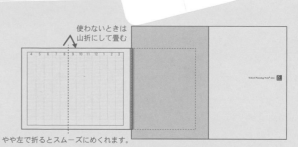

使わないときは
山折にして畳む

やや左で折るとスムーズにめくれます。

【下記のフォームがダウンロードできます】

月間計画表（Monthly Plan）
https://www.gakuji.co.jp/spnote_monthly_form/

名簿ページ（Name List）
https://www.gakuji.co.jp/schoolplanningnote/

提出物管理リスト（Document List）
https://www.gakuji.co.jp/spnote_teishutsulist_form/

School Planning Note 2024

2024 令和6年

1 January
月	火	水	木	金	土	日
1	2	3	4	5	6	7
8	9	10	11	12	13	14
15	16	17	18	19	20	21
22	23	24	25	26	27	28
29	30	31				

2 February
月	火	水	木	金	土	日
			1	2	3	4
5	6	7	8	9	10	11
12	13	14	15	16	17	18
19	20	21	22	23	24	25
26	27	28	29			

3 March
月	火	水	木	金	土	日
				1	2	3
4	5	6	7	8	9	10
11	12	13	14	15	16	17
18	19	20	21	22	23	24
25	26	27	28	29	30	31

4 April
月	火	水	木	金	土	日
1	2	3	4	5	6	7
8	9	10	11	12	13	14
15	16	17	18	19	20	21
22	23	24	25	26	27	28
29	30					

5 May
月	火	水	木	金	土	日
		1	2	3	4	5
6	7	8	9	10	11	12
13	14	15	16	17	18	19
20	21	22	23	24	25	26
27	28	29	30	31		

6 June
月	火	水	木	金	土	日
					1	2
3	4	5	6	7	8	9
10	11	12	13	14	15	16
17	18	19	20	21	22	23
24	25	26	27	28	29	30

7 July
月	火	水	木	金	土	日
1	2	3	4	5	6	7
8	9	10	11	12	13	14
15	16	17	18	19	20	21
22	23	24	25	26	27	28
29	30	31				

8 August
月	火	水	木	金	土	日
			1	2	3	4
5	6	7	8	9	10	11
12	13	14	15	16	17	18
19	20	21	22	23	24	25
26	27	28	29	30	31	

9 September
月	火	水	木	金	土	日
						1
2	3	4	5	6	7	8
9	10	11	12	13	14	15
16	17	18	19	20	21	22
23	24	25	26	27	28	29
30						

10 October
月	火	水	木	金	土	日
	1	2	3	4	5	6
7	8	9	10	11	12	13
14	15	16	17	18	19	20
21	22	23	24	25	26	27
28	29	30	31			

11 November
月	火	水	木	金	土	日
				1	2	3
4	5	6	7	8	9	10
11	12	13	14	15	16	17
18	19	20	21	22	23	24
25	26	27	28	29	30	

12 December
月	火	水	木	金	土	日
						1
2	3	4	5	6	7	8
9	10	11	12	13	14	15
16	17	18	19	20	21	22
23	24	25	26	27	28	29
30	31					

国民の祝日（2024年）　　　　　　　　　　　祝日法などの改正により、祝日や休日が一部変更になる場合があります

1月1日 .... 元日	5月3日 .... 憲法記念日	9月16日............. 敬老の日
1月8日 .... 成人の日	5月4日 .... みどりの日	9月22日............. 秋分の日
2月11日............. 建国記念の日	5月5日 .... こどもの日	10月14日............. スポーツの日
2月23日............. 天皇誕生日	7月15日............. 海の日	11月3日............. 文化の日
3月20日............. 春分の日	8月11日............. 山の日	11月23日............. 勤労感謝の日
4月29日............. 昭和の日		

・2024年＝2023年2月官報「暦要項」より
・2025年、2026年＝2023年6月現在の法令等より

2025 令和7年

1 January
月	火	水	木	金	土	日
		1	2	3	4	5
6	7	8	9	10	11	12
13	14	15	16	17	18	19
20	21	22	23	24	25	26
27	28	29	30	31		

2 February
月	火	水	木	金	土	日
					1	2
3	4	5	6	7	8	9
10	11	12	13	14	15	16
17	18	19	20	21	22	23
24	25	26	27	28		

3 March
月	火	水	木	金	土	日
					1	2
3	4	5	6	7	8	9
10	11	12	13	14	15	16
17	18	19	20	21	22	23
24	25	26	27	28	29	30
31						

4 April
月	火	水	木	金	土	日
	1	2	3	4	5	6
7	8	9	10	11	12	13
14	15	16	17	18	19	20
21	22	23	24	25	26	27
28	29	30				

5 May
月	火	水	木	金	土	日
			1	2	3	4
5	6	7	8	9	10	11
12	13	14	15	16	17	18
19	20	21	22	23	24	25
26	27	28	29	30	31	

6 June
月	火	水	木	金	土	日
						1
2	3	4	5	6	7	8
9	10	11	12	13	14	15
16	17	18	19	20	21	22
23	24	25	26	27	28	29
30						

7 July
月	火	水	木	金	土	日
	1	2	3	4	5	6
7	8	9	10	11	12	13
14	15	16	17	18	19	20
21	22	23	24	25	26	27
28	29	30	31			

8 August
月	火	水	木	金	土	日
				1	2	3
4	5	6	7	8	9	10
11	12	13	14	15	16	17
18	19	20	21	22	23	24
25	26	27	28	29	30	31

9 September
月	火	水	木	金	土	日
1	2	3	4	5	6	7
8	9	10	11	12	13	14
15	16	17	18	19	20	21
22	23	24	25	26	27	28
29	30					

10 October
月	火	水	木	金	土	日
		1	2	3	4	5
6	7	8	9	10	11	12
13	14	15	16	17	18	19
20	21	22	23	24	25	26
27	28	29	30	31		

11 November
月	火	水	木	金	土	日
					1	2
3	4	5	6	7	8	9
10	11	12	13	14	15	16
17	18	19	20	21	22	23
24	25	26	27	28	29	30

12 December
月	火	水	木	金	土	日
1	2	3	4	5	6	7
8	9	10	11	12	13	14
15	16	17	18	19	20	21
22	23	24	25	26	27	28
29	30	31				

2026 令和8年

1 January
月	火	水	木	金	土	日
			1	2	3	4
5	6	7	8	9	10	11
12	13	14	15	16	17	18
19	20	21	22	23	24	25
26	27	28	29	30	31	

2 February
月	火	水	木	金	土	日
						1
2	3	4	5	6	7	8
9	10	11	12	13	14	15
16	17	18	19	20	21	22
23	24	25	26	27	28	

3 March
月	火	水	木	金	土	日
						1
2	3	4	5	6	7	8
9	10	11	12	13	14	15
16	17	18	19	20	21	22
23	24	25	26	27	28	29
30	31					

4 April
月	火	水	木	金	土	日
		1	2	3	4	5
6	7	8	9	10	11	12
13	14	15	16	17	18	19
20	21	22	23	24	25	26
27	28	29	30			

5 May
月	火	水	木	金	土	日
				1	2	3
4	5	6	7	8	9	10
11	12	13	14	15	16	17
18	19	20	21	22	23	24
25	26	27	28	29	30	31

6 June
月	火	水	木	金	土	日
1	2	3	4	5	6	7
8	9	10	11	12	13	14
15	16	17	18	19	20	21
22	23	24	25	26	27	28
29	30					

7 July
月	火	水	木	金	土	日
		1	2	3	4	5
6	7	8	9	10	11	12
13	14	15	16	17	18	19
20	21	22	23	24	25	26
27	28	29	30	31		

8 August
月	火	水	木	金	土	日
					1	2
3	4	5	6	7	8	9
10	11	12	13	14	15	16
17	18	19	20	21	22	23
24	25	26	27	28	29	30
31						

9 September
月	火	水	木	金	土	日
	1	2	3	4	5	6
7	8	9	10	11	12	13
14	15	16	17	18	19	20
21	22	23	24	25	26	27
28	29	30				

10 October
月	火	水	木	金	土	日
			1	2	3	4
5	6	7	8	9	10	11
12	13	14	15	16	17	18
19	20	21	22	23	24	25
26	27	28	29	30	31	

11 November
月	火	水	木	金	土	日
						1
2	3	4	5	6	7	8
9	10	11	12	13	14	15
16	17	18	19	20	21	22
23	24	25	26	27	28	29
30						

12 December
月	火	水	木	金	土	日
	1	2	3	4	5	6
7	8	9	10	11	12	13
14	15	16	17	18	19	20
21	22	23	24	25	26	27
28	29	30	31			

今年度の目標

_____

そのためには…

☐ ....

☐ ....

☐ ....

【ワークライフ・マネジメント】

「仕事の充実」と「プライベートの充実」をマネジメントする考え方。
平日の時間の使い方を記入し、定期的に見返しましょう。
＜記入の順番＞
①睡眠時間／②夕食の時間／③帰宅時刻／④退勤時刻／⑤出勤時刻／⑥朝、家を出る時刻／⑦朝食の時間／⑧起床時刻
⑨グラフが書けたら、学年・同僚の先生と共有（通勤時間や育児・介護の有無なども、お互いに知っておくと安心です）

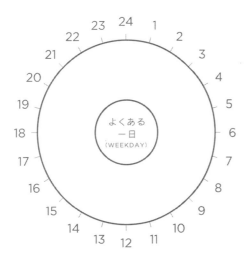
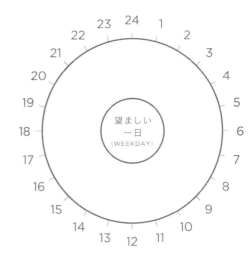

時間ができたらしたいこと・やってみたいこと

☐ ....   ☐ ....

☐ ....   ☐ ....

☐ ....   ☐ ....

☐ ....   ☐ ....

☐ ....   ☐ ....

Prologue

これは、先生のためのノートです。

言葉のかけ方はこれでよいのか

接し方はこれでよいのかと

日々、迷い戸惑いながら

子ども一人ひとりと真剣に向き合い

小さな可能性を引き出そうと

さまざまな方法で手を尽くす

そんな先生のためのノートです。

すべての子どもがいきいきと輝き

生きていることへの誇りと強さを胸に

笑顔で暮らせる未来を願いながら

このノートは生まれました。

その無数の光のかけらが

小さな小さな成長の記録が

たくさん刻まれますように。

忙しい学校生活が変わる
先生のためのスケジュール管理＆記録ノート

スクール プランニング ノート® の使い方 ユニバーサル

「スクールプランニングノート」は、学校でのスケジュール管理が1冊でできる
「秘書」のようなノートです。学校や勤務の状況に合わせて
書いたり貼ったり自由にお使いください。

年間計画表（Annual Plan）

年間計画表は、学校で配られるものを該当ページまたは「ペタペタボード」（巻頭の色紙）に貼ると便利です。

月間カレンダー（Monthly Calendar）

1ページに2カ月のカレンダー。デスクマットに挟んでもちょうど良いサイズ。

週間計画表（Weekly Plan）

見開き2週間の「時間割」と、簡単な「日誌」が合体

上半分は自由度の高い時間割。点線を活用することで8限まで対応します。
下半分はメモエリア。自由に項目を設定できます。

①今週の目標
学校または個人などの目標を書くスペース

⑤便利な土日欄
土曜は時間割形式、日曜はフリー形式

改良
メモ欄の点線をスッキリし、見やすさUP！

②主な予定
その日の行事や締切など。短縮日課の日にはチェックを

③朝の予定
朝の活動を書いてもOK

④スケジュール
時間割ベースの予定表。大きく4分割にするか小さく8分割か、勤務形態に合わせて設定できます。（この例では時限ではなく開始時刻を記入しています）

⑥フリーメモ欄
連絡事項、ToDo、または子どもたちの個別記録などを記入することができます。（この例では大きく6つのブロックに分け、1日ごとに全体／学部／学年の3つに分けて打ち合わせ事項をメモしています）

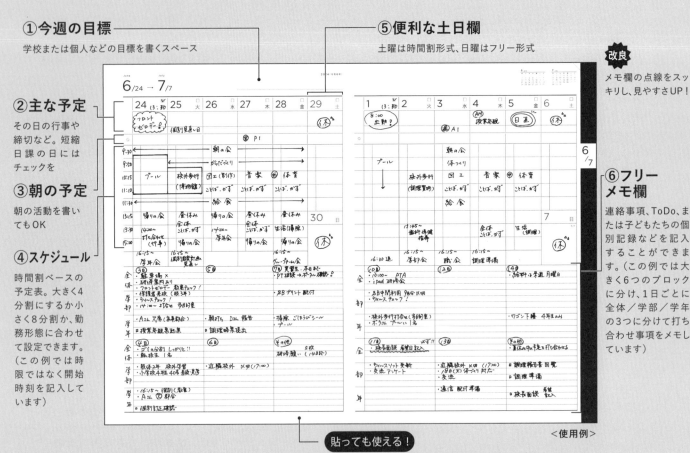

＜使用例＞

貼っても使える！
A4・A3サイズの書類をそのまま貼って使うことができます

［作成協力：H.T 先生（特支・小学部）］

フリーノート（Free Note）

週間計画表の前にある見開き2ページのフリーノートには、
学校で配られる予定表やその月に必要な資料を貼ることができます

私ならこう使う！

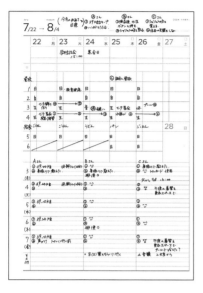

M.T 先生（特支・小）

・時間割には数字を入れて6限設定。週案と併用するためごく簡単にやったことをメモ。

・メモ欄には担当している3名の児童の毎日の記録を記入。

M.A 先生（特支・高）

・時間割には数字を入れて7限設定。

・メモ欄は連絡／生徒記録／メモ／ToDoの4項目を設定。

◆別冊・記録ノートの使い方については、別冊ノートの表紙裏にある解説をご覧ください。

個人情報の取り扱いについて

「スクールプランニングノート」を120％活用するために、以下の注意をよくお読みの上、適正にご活用ください。

1 このノートの位置づけ

● このノートは、職務上必要な個人情報を含む「教育指導記録簿」にあたるものです。

● 記入にあたっては、「利用目的」を明確にし、収集から利用まで計画的に行う必要があります。

● 個人情報の保護に関する法律又は、各地方公共団体が定める個人情報保護に関する法律施行条例により、開示請求の対象になる場合があります。

2 使用上の注意

● ノートの使用にあたっては各教育委員会または学校で定められた文書取扱規程に従い適切に管理してください。

● 保管しておく場所を決めておき、机の上などに置きっぱなしにしないようにしましょう。

● 成績や健康状態など特に取り扱いに注意を要する個人情報を記入するときは、他人に一目で分からないよう暗号化するなどの工夫をしましょう。

●「利用目的」の達成に必要な範囲を超えて個人情報を保有しないようにしましょう。

3 使用済みのノートについて

● ノートを見返す必要がなくなったときは、速やかな廃棄を心がけましょう。

● 廃棄する際は、シュレッダーを利用するなど適切な方法を用いてください。

4 紛失・盗難にあった場合

● ノート自体は教職員の個人所有物であっても、児童生徒等の個人情報は学校が所有しているものです。

● これらの個人情報を含む場合、盗難等による損失についても学校が責任を負う可能性が高いと考えられます。

● 万が一、紛失または盗難にあった場合は速やかに管理職に報告し、警察に届ける必要があります。

★「教育情報セキュリティポリシーに関するガイドライン」に沿って、それぞれの学校においてセキュリティポリシーを策定しましょう。

★個人情報の「保護」と「適正利用」のバランスに留意してノートをご活用ください。

ANNUAL PLAN 令和6年度（2024年―2025年）

2024

	3 MAR.	4 APR.	5 MAY	6 JUN.	7 JUL.	8 AUG.	9 SEP.	10 OCT.
1	金	月	水	土	月	木	日	火
2	土	火	木	日	火	金	月	水
3	日	水	金 ○	月	水	土	火	木
4	月	木	土 ○	火	木	日	水	金
5	火	金	日 ○	水	金	月	木	土
6	水	土	月 振替休日	木	土	火	金	日
7	木	日	火	金	日	水	土	月
8	金	月	水	土	月	木	日	火
9	土	火	木	日	火	金	月	水
10	日	水	金	月	水	土	火	木
11	月	木	土	火	木	日 ○	水	金
12	火	金	日	水	金	月 振替休日	木	土
13	水	土	月	木	土	火	金	日
14	木	日	火	金	日	水	土	月 ○
15	金	月	水	土	月 ○	木	日	火
16	土	火	木	日	火	金	月 ○	水
17	日	水	金	月	水	土	火	木
18	月	木	土	火	木	日	水	金
19	火	金	日	水	金	月	木	土
20	水 ○	土	月	木	土	火	金	日
21	木	日	火	金	日	水	土	月
22	金	月	水	土	月	木	日 ○	火
23	土	火	木	日	火	金	月 振替休日	水
24	日	水	金	月	水	土	火	木
25	月	木	土	火	木	日	水	金
26	火	金	日	水	金	月	木	土
27	水	土	月	木	土	火	金	日
28	木	日	火	金	日	水	土	月
29	金	月 ○	水	土	月	木	日	火
30	土	火	木	日	火	金	月	水
31	日		金		水	土		木

○国民の祝日（2024年） 昭和の日…4月29日　憲法記念日…5月3日　みどりの日…5月4日　こどもの日…5月5日　海の日…7月15日　山の日…8月11日　敬老の日…9月16日　秋分の日…9月22日

2025

11 NOV.	12 DEC.	1 JAN.	2 FEB.	3 MAR.	4 APR.	5 MAY	6 JUN.	
金	日	水 ○	土	土	火	木	日	1
土	月	木	日	日	水	金	月	2
日 ○	火	金	月	月	木	土 ○	火	3
月 振替休日	水	土	火	火	金	日 ○	水	4
火	木	日	水	水	土	月 ○	木	5
水	金	月	木	木	日	火 振替休日	金	6
木	土	火	金	金	月	水	土	7
金	日	水	土	土	火	木	日	8
土	月	木	日	日	水	金	月	9
日	火	金	月	月	木	土	火	10
月	水	土	火 ○	火	金	日	水	11
火	木	日	水	水	土	月	木	12
水	金	月 ○	木	木	日	火	金	13
木	土	火	金	金	月	水	土	14
金	日	水	土	土	火	木	日	15
土	月	木	日	日	水	金	月	16
日	火	金	月	月	木	土	火	17
月	水	土	火	火	金	日	水	18
火	木	日	水	水	土	月	木	19
水	金	月	木	木 ○	日	火	金	20
木	土	火	金	金	月	水	土	21
金	日	水	土	土	火	木	日	22
土 ○	月	木	日 ○	日	水	金	月	23
日	火	金	月 振替休日	月	木	土	火	24
月	水	土	火	火	金	日	水	25
火	木	日	水	水	土	月	木	26
水	金	月	木	木	日	火	金	27
木	土	火	金	金	月	水	土	28
金	日	水		土	火 ○	木	日	29
土	月	木		日	水	金	月	30
	火	金		月		土		31

スポーツの日…10月14日　文化の日…11月3日　勤労感謝の日…11月23日　　（2025年）元日…1月1日　成人の日…1月13日　建国記念の日…2月11日　天皇誕生日…2月23日　春分の日…3月20日

4

2024
令和6年
April

月	火	水	木	金	土	日
1	2	3	4	5	6	7
8	9	10	11	12	13	14
15	16	17	18	19	20	21
22	23	24	25	26	27	28
29 昭和の日	30					

5

2024
令和6年
May

月	火	水	木	金	土	日
		1	2	3 憲法記念日	4 みどりの日	5 こどもの日
6 振替休日	7	8	9	10	11	12 母の日
13	14	15	16	17	18	19
20	21	22	23	24	25	26
27	28	29	30	31		

6

2024
令和6年
June

月	火	水	木	金	土	日
					1	2
3	4	5	6	7	8	9
10	11	12	13	14	15	16　父の日
17	18	19	20	21	22	23
24	25	26	27	28	29	30

7

2024
令和6年
July

月	火	水	木	金	土	日
1	2	3	4	5	6	7　七夕
8	9	10	11	12	13	14
15　海の日	16	17	18	19	20	21
22	23	24	25	26	27	28
29	30	31				

8

月	火	水	木	金	土	日
			1	2	3	4
5	6	7	8	9	10	11 山の日
12 振替休日	13	14	15	16	17	18
19	20	21	22	23	24	25
26	27	28	29	30	31	

9

月	火	水	木	金	土	日
						1
2	3	4	5	6	7	8
9	10	11	12	13	14	15
16 敬老の日	17	18	19	20	21	22 秋分の日
23 振替休日	24	25	26	27	28	29
30						

10

月	火	水	木	金	土	日
	1	2	3	4	5	6
7	8	9	10	11	12	13
14 スポーツの日	15	16	17	18	19	20
21	22	23	24	25	26	27
28	29	30	31 ハロウィン			

11

月	火	水	木	金	土	日
				1	2	3 文化の日
4 振替休日	5	6	7	8	9	10
11	12	13	14	15 七五三	16	17
18	19	20	21	22	23 勤労感謝の日	24
25	26	27	28	29	30	

12

令和6年

December

月	火	水	木	金	土	日
						1
2	3	4	5	6	7	8
9	10	11	12	13	14	15
16	17	18	19	20	21	22
23	24	25 クリスマス	26	27	28	29
30	31 大晦日					

1

2025
令和7年

January

月	火	水	木	金	土	日
		1 元日	2	3	4	5
6	7	8	9	10	11	12
13 成人の日	14	15	16	17	18	19
20	21	22	23	24	25	26
27	28	29	30	31		

2

2025
令和7年
February

月	火	水	木	金	土	日
					1	2
3	4	5	6	7	8	9
10	11　建国記念の日	12	13	14　バレンタインデー	15	16
17	18	19	20	21	22	23　天皇誕生日
24　振替休日	25	26	27	28		

3

2025
令和7年
March

月	火	水	木	金	土	日
					1	2
3	4	5	6	7	8	9
10	11	12	13	14　ホワイトデー	15	16
17	18	19	20　春分の日	21	22	23
24	25	26	27	28	29	30
31						

4/1 → 14

1 □月	2 □火	3 □水	4 □木	5 □金	6 □土

☼

7 日

4	April						
月	火	水	木	金	土	日
1	2	3	4	5	6	7
8	9	10	11	12	13	14
15	16	17	18	19	20	21
22	23	24	25	26	27	28
29	30					

5	May						
月	火	水	木	金	土	日
		1	2	3	4	5
6	7	8	9	10	11	12
13	14	15	16	17	18	19
20	21	22	23	24	25	26
27	28	29	30	31		

8 月	9 火	10 水	11 木	12 金	13 土

14 日

4

☼

4/15 → 28

15 □月	16 □火	17 □水	18 □木	19 □金	20 □土

☼

21 日

4 April						
月	火	水	木	金	土	日
1	2	3	4	5	6	7
8	9	10	11	12	13	14
15	16	17	18	19	20	21
22	23	24	25	26	27	28
29	30					

5 May						
月	火	水	木	金	土	日
		1	2	3	4	5
6	7	8	9	10	11	12
13	14	15	16	17	18	19
20	21	22	23	24	25	26
27	28	29	30	31		

22 □月	23 □火	24 □水	25 □木	26 □金	27 □土

4

☼

28 日

4/29 → 5/12

29 ☐月	30 ☐火	1 ☐水	2 ☐木	3 ☐金	4 ☐土
昭和の日				憲法記念日	みどりの日

☼

					5 日
					こどもの日

5 May								6 June						
月	火	水	木	金	土	日		月	火	水	木	金	土	日
			1	2	3	4								1	2
5	6	7	8	9	10	11		3	4	5	6	7	8	9
12	13	14	15	16	17	18		10	11	12	13	14	15	16
19	20	21	22	23	24	25		17	18	19	20	21	22	23
26	27	28	29	30	31			24	25	26	27	28	29	30

4/5

6 □月	7 □火	8 □水	9 □木	10 □金	11 □土
振替休日					

☼

12 日

母の日

振替休日

5/13 → 26

13 ☐月	14 ☐火	15 ☐水	16 ☐木	17 ☐金	18 ☐土

☀

19 日

5 May
月	火	水	木	金	土	日
			1	2	3	4	5
6	7	8	9	10	11	12
13	14	15	16	17	18	19
20	21	22	23	24	25	26
27	28	29	30	31		

6 June
月	火	水	木	金	土	日
					1	2
3	4	5	6	7	8	9
10	11	12	13	14	15	16
17	18	19	20	21	22	23
24	25	26	27	28	29	30

20 ☐月	21 ☐火	22 ☐水	23 ☐木	24 ☐金	25 ☐土

☼

26 日

5

5/27 → 6/9

27 ☐ 月	28 ☐ 火	29 ☐ 水	30 ☐ 木	31 ☐ 金	1 ☐ 土

☀

| | | | | | 2 日 |

6 June
月 火 水 木 金 土 日
　　　　　1 2
3 4 5 6 7 8 9
10 11 12 13 14 15 16
17 18 19 20 21 22 23
24 25 26 27 28 29 30

7 July
月 火 水 木 金 土 日
1 2 3 4 5 6 7
8 9 10 11 12 13 14
15 16 17 18 19 20 21
22 23 24 25 26 27 28
29 30 31

3 □月	4 □火	5 □水	6 □木	7 □金	8 □土

☀

9　日

6/10 → 23

10 □月	11 □火	12 □水	13 □木	14 □金	15 □土

☼

					16 日
					父の日

6 June
月 火 水 木 金 土 日
　　　　　1　2
3　4　5　6　7　8　9
10　11　12　13　14　15　16
17　18　19　20　21　22　23
24　25　26　27　28　29　30

7 July
月 火 水 木 金 土 日
1　2　3　4　5　6　7
8　9　10　11　12　13　14
15　16　17　18　19　20　21
22　23　24　25　26　27　28
29　30　31

17 □ 月	18 □ 火	19 □ 水	20 □ 木	21 □ 金	22 □ 土

☼

23 日

6/24 → 7/7

24 □月	25 □火	26 □水	27 □木	28 □金	29 □土

☼

| | | | | | 30 日 |

6 June
月 火 水 木 金 土 日
　　　　　1　2
3　4　5　6　7　8　9
10　11　12　13　14　15　16
17　18　19　20　21　22　23
24　25　26　27　28　29　30

7 July
月 火 水 木 金 土 日
1　2　3　4　5　6　7
8　9　10　11　12　13　14
15　16　17　18　19　20　21
22　23　24　25　26　27　28
29　30　31

1 ☐ 月	2 ☐ 火	3 ☐ 水	4 ☐ 木	5 ☐ 金	6 ☐ 土

☼

7　日
七夕

7/8 → 21

8 月	9 火	10 水	11 木	12 金	13 土

☀

14 日

7 July
月	火	水	木	金	土	日
1	2	3	4	5	6	7
8	9	10	11	12	13	14
15	16	17	18	19	20	21
22	23	24	25	26	27	28
29	30	31				

8 August
月	火	水	木	金	土	日
			1	2	3	4
5	6	7	8	9	10	11
12	13	14	15	16	17	18
19	20	21	22	23	24	25
26	27	28	29	30	31	

15 □ 月	16 □ 火	17 □ 水	18 □ 木	19 □ 金	20 □ 土
海の日					

☼

21 日

7

7/22 → 8/4

22 ☐月	23 ☐火	24 ☐水	25 ☐木	26 ☐金	27 ☐土

☼

28 日

7 July						
月	火	水	木	金	土	日
1	2	3	4	5	6	7
8	9	10	11	12	13	14
15	16	17	18	19	20	21
22	23	24	25	26	27	28
29	30	31				

8 August						
月	火	水	木	金	土	日
				1	2	3	4
5	6	7	8	9	10	11
12	13	14	15	16	17	18
19	20	21	22	23	24	25
26	27	28	29	30	31	

29 ☐ 月	30 ☐ 火	31 ☐ 水	1 ☐ 木	2 ☐ 金	3 ☐ 土

☼

4　日

8/5 → 18

5 □月	6 □火	7 □水	8 □木	9 □金	10 □土

☀

11 日
山の日

8 August
月 火 水 木 金 土 日
1 2 3 4
5 6 7 8 9 10 11
12 13 14 15 16 17 18
19 20 21 22 23 24 25
26 27 28 29 30 31

9 September
月 火 水 木 金 土 日
1
2 3 4 5 6 7 8
9 10 11 12 13 14 15
16 17 18 19 20 21 22
23 24 25 26 27 28 29
30

12 □月	13 □火	14 □水	15 □木	16 □金	17 □土
振替休日					

☼

18 日

8

振替休日

8/19 → 9/1

19	□月 20	□火 21	□水 22	□木 23	□金 24	□土
☀						

25　日

8 August
月 火 水 木 金 土 日
　 　 　 　 1 2 3 4
5 6 7 8 9 10 11
12 13 14 15 16 17 18
19 20 21 22 23 24 25
26 27 28 29 30 31

9 September
月 火 水 木 金 土 日
　 　 　 　 　 　 1
2 3 4 5 6 7 8
9 10 11 12 13 14 15
16 17 18 19 20 21 22
23 24 25 26 27 28 29
30

26 □月	27 □火	28 □水	29 □木	30 □金	31 □土

☀

1 日

9

9/2 → 15

2 ☐月	3 ☐火	4 ☐水	5 ☐木	6 ☐金	7 ☐土

☼

8 日

9 September						
月	火	水	木	金	土	日
						1
2	3	4	5	6	7	8
9	10	11	12	13	14	15
16	17	18	19	20	21	22
23	24	25	26	27	28	29
30						

10 October						
月	火	水	木	金	土	日
	1	2	3	4	5	6
7	8	9	10	11	12	13
14	15	16	17	18	19	20
21	22	23	24	25	26	27
28	29	30	31			

9	□ 月 10	□ 火 11	□ 水 12	□ 木 13	□ 金 14	□ 土

15 日

9

9/16 → 29

16 □月	17 □火	18 □水	19 □木	20 □金	21 □土
敬老の日					

☼

			22 日 秋分の日

9 September
月 火 水 木 金 土 日
1
2 3 4 5 6 7 8
9 10 11 12 13 14 15
16 17 18 19 20 21 22
23 24 25 26 27 28 29
30

10 October
月 火 水 木 金 土 日
1 2 3 4 5 6
7 8 9 10 11 12 13
14 15 16 17 18 19 20
21 22 23 24 25 26 27
28 29 30 31

23 □月	24 □火	25 □水	26 □木	27 □金	28 □土
振替休日					

☼

29 日

9

振替休日

30	□ 月 1	□ 火 2	□ 水 3	□ 木 4	□ 金 5	□ 土
☼						
					6	日

10 October
月 火 水 木 金 土 日
1 2 3 4 5 6
7 8 9 10 11 12 13
14 15 16 17 18 19 20
21 22 23 24 25 26 27
28 29 30 31

11 November
月 火 水 木 金 土 日
1 2 3
4 5 6 7 8 9 10
11 12 13 14 15 16 17
18 19 20 21 22 23 24
25 26 27 28 29 30

7 □月	8 □火	9 □水	10 □木	11 □金	12 □土

☼

13 日

9/10

10/14 → 27

14 月	15 火	16 水	17 木	18 金	19 土
スポーツの日					

☼

					20 日

スポーツの日

10 October
月 火 水 木 金 土 日
   1 2 3 4 5 6
7 8 9 10 11 12 13
14 15 16 17 18 19 20
21 22 23 24 25 26 27
28 29 30 31

11 November
月 火 水 木 金 土 日
          1 2 3
4 5 6 7 8 9 10
11 12 13 14 15 16 17
18 19 20 21 22 23 24
25 26 27 28 29 30

21 □月	22 □火	23 □水	24 □木	25 □金	26 □土

☼

27 日

10

10/28 → 11/10

28 ☐月	29 ☐火	30 ☐水	31 ☐木	1 ☐金	2 ☐土
			ハロウィン		

☀

| | | | | | 3 日
文化の日 |

11 November

月 火 水 木 金 土 日
　　　　　1　2　3
4　5　6　7　8　9　10
11　12　13　14　15　16　17
18　19　20　21　22　23　24
25　26　27　28　29　30

12 December

月 火 水 木 金 土 日
　　　　　　　1
2　3　4　5　6　7　8
9　10　11　12　13　14　15
16　17　18　19　20　21　22
23　24　25　26　27　28　29
30　31

4 □ 月	5 □ 火	6 □ 水	7 □ 木	8 □ 金	9 □ 土
振替休日					

☼

10　日

10 / 11

振替休日				

11/11 → 24

11 ☐ 月	12 ☐ 火	13 ☐ 水	14 ☐ 木	15 ☐ 金	16 ☐ 土
					七五三

☼

17 日

11 November
月 火 水 木 金 土 日
　　　　　　1　2　3
4　5　6　7　8　9　10
11　12　13　14　15　16　17
18　19　20　21　22　23　24
25　26　27　28　29　30

12 December
月 火 水 木 金 土 日
　　　　　　　　　1
2　3　4　5　6　7　8
9　10　11　12　13　14　15
16　17　18　19　20　21　22
23　24　25　26　27　28　29
30　31

18 ☐月	19 ☐火	20 ☐水	21 ☐木	22 ☐金	23 ☐土
					勤労感謝の日

☼

24 日

11

November   December

11/25 → 12/8

25 ☐月	26 ☐火	27 ☐水	28 ☐木	29 ☐金	30 ☐土

☼

					1 日

12 December							1 January						
月	火	水	木	金	土	日	月	火	水	木	金	土	日
						1							1
2	3	4	5	6	7	8	6	7	8	9	10	11	12
9	10	11	12	13	14	15	13	14	15	16	17	18	19
16	17	18	19	20	21	22	20	21	22	23	24	25	26
23	24	25	26	27	28	29	27	28	29	30	31		
30	31												

2 □月	3 □火	4 □水	5 □木	6 □金	7 □土

☼

8 日

12/9 → 22

9 ☐月	10 ☐火	11 ☐水	12 ☐木	13 ☐金	14 ☐土

☼

15 日

12 December
月 火 水 木 金 土 日
　 　 　 　 　 1
2 3 4 5 6 7 8
9 10 11 12 13 14 15
16 17 18 19 20 21 22
23 24 25 26 27 28 29
30 31

1 January
月 火 水 木 金 土 日
　 1 2 3 4 5
6 7 8 9 10 11 12
13 14 15 16 17 18 19
20 21 22 23 24 25 26
27 28 29 30 31

16 ☐月	17 ☐火	18 ☐水	19 ☐木	20 ☐金	21 ☐土

☼

22 日

12

12 December
月 火 水 木 金 土 日
　 　 　 　 　 1
2 3 4 5 6 7 8
9 10 11 12 13 14 15
16 17 18 19 20 21 22
23 24 25 26 27 28 29
30 31

1 January
月 火 水 木 金 土 日
　 1 2 3 4 5
6 7 8 9 10 11 12
13 14 15 16 17 18 19
20 21 22 23 24 25 26
27 28 29 30 31

12/23 → 1/5

23 □月	24 □火	25 □水	26 □木	27 □金	28 □土
		クリスマス			

☀

29 日

12 December						
月	火	水	木	金	土	日
						1
2	3	4	5	6	7	8
9	10	11	12	13	14	15
16	17	18	19	20	21	22
23	24	25	26	27	28	29
30	31					

1 January						
月	火	水	木	金	土	日
		1	2	3	4	5
6	7	8	9	10	11	12
13	14	15	16	17	18	19
20	21	22	23	24	25	26
27	28	29	30	31		

30 ☐月	31 ☐火	1 ☐水	2 ☐木	3 ☐金	4 ☐土
	大晦日	元日			

☀

5 日

12 / 1

1/6 → 19

6	□ 月 7	□ 火 8	□ 水 9	□ 木 10	□ 金 11	□ 土
☼						
					12	日

1 January
月 火 水 木 金 土 日
1 2 3 4 5
6 7 8 9 10 11 12
13 14 15 16 17 18 19
20 21 22 23 24 25 26
27 28 29 30 31

2 February
月 火 水 木 金 土 日
1 2
3 4 5 6 7 8 9
10 11 12 13 14 15 16
17 18 19 20 21 22 23
24 25 26 27 28

13 □月	14 □火	15 □水	16 □木	17 □金	18 □土
成人の日					

☼

19 日

成人の日

1

1/20 → 2/2

20 ☐月	21 ☐火	22 ☐水	23 ☐木	24 ☐金	25 ☐土
☼					
					26 日

1 January
月 火 水 木 金 土 日
1 2 3 4 5
6 7 8 9 10 11 12
13 14 15 16 17 18 19
20 21 22 23 24 25 26
27 28 29 30 31

2 February
月 火 水 木 金 土 日
1 2
3 4 5 6 7 8 9
10 11 12 13 14 15 16
17 18 19 20 21 22 23
24 25 26 27 28

27 □月	28 □火	29 □水	30 □木	31 □金	1 □土

☼

2 日

1/2

3 □月	4 □火	5 □水	6 □木	7 □金	8 □土

☼

9 日

2 February
月 火 水 木 金 土 日
　　　　　　1 2
3 4 5 6 7 8 9
10 11 12 13 14 15 16
17 18 19 20 21 22 23
24 25 26 27 28

3 March
月 火 水 木 金 土 日
　　　　　　1 2
3 4 5 6 7 8 9
10 11 12 13 14 15 16
17 18 19 20 21 22 23
24 25 26 27 28 29 30
31

10 □ 月	11 □ 火	12 □ 水	13 □ 木	14 □ 金	15 □ 土
	建国記念の日			バレンタインデー	

☼

16 日

2

2/17 → 3/2

17 ☐月	18 ☐火	19 ☐水	20 ☐木	21 ☐金	22 ☐土

☼

23 日
天皇誕生日

2 February
月 火 水 木 金 土 日
　　　　　1　2
3　4　5　6　7　8　9
10　11　12　13　14　15　16
17　18　19　20　21　22　23
24　25　26　27　28

3 March
月 火 水 木 金 土 日
　　　　　1　2
3　4　5　6　7　8　9
10　11　12　13　14　15　16
17　18　19　20　21　22　23
24　25　26　27　28　29　30
31

24 □月	25 □火	26 □水	27 □木	28 □金	1 □土
振替休日					

☼

2 日

3/3 → 16

3 ☐月	4 ☐火	5 ☐水	6 ☐木	7 ☐金	8 ☐土

☼

9 日

3 March
月 火 水 木 金 土 日
1 2
3 4 5 6 7 8 9
10 11 12 13 14 15 16
17 18 19 20 21 22 23
24 25 26 27 28 29 30
31

4 April
月 火 水 木 金 土 日
1 2 3 4 5 6
7 8 9 10 11 12 13
14 15 16 17 18 19 20
21 22 23 24 25 26 27
28 29 30

10 □ 月	11 □ 火	12 □ 水	13 □ 木	14 □ 金	15 □ 土
				ホワイトデー	

☼

16 日

3/17 → 30

17 □月	18 □火	19 □水	20 □木	21 □金	22 □土
			春分の日		

☼

23 日

3 March
月 火 水 木 金 土 日
　　　　　1　2
3　4　5　6　7　8　9
10　11　12　13　14　15　16
17　18　19　20　21　22　23
24　25　26　27　28　29　30
31

4 April
月 火 水 木 金 土 日
1　2　3　4　5　6
7　8　9　10　11　12　13
14　15　16　17　18　19　20
21　22　23　24　25　26　27
28　29　30

24 □月	25 □火	26 □水	27 □木	28 □金	29 □土

☼

30 日

3/31 → 4/13

31	□ 月 1	□ 火 2	□ 水 3	□ 木 4	□ 金 5	□ 土
☼						

6　日

3 March
月 火 水 木 金 土 日
　　　　　1　2
3　4　5　6　7　8　9
10　11　12　13　14　15　16
17　18　19　20　21　22　23
24　25　26　27　28　29　30
31

4 April
月 火 水 木 金 土 日
　1　2　3　4　5　6
7　8　9　10　11　12　13
14　15　16　17　18　19　20
21　22　23　24　25　26　27
28　29　30

7	□ 月 8	□ 火 9	□ 水 10	□ 木 11	□ 金 12	□ 土

☼

13　日

障害種別に応じた「合理的配慮」※の例

※「合理的配慮」…国連において採択された「障害者の権利に関する条約」第24条で提供が求められている。
障害のある子どもが、他の子どもと平等に「教育を受ける権利」を享有・行使することを確保するために、学校の設置者及び学校が必要かつ適当な変更・調整を行うことであり、障害のある子どもに対し、その状況に応じて、学校教育を受ける場合に個別に必要とされるもの。
ここでは、その代表的なものと考えられる例を観点ごとに示している。

	学習上又は生活上の困難を改善・克服するための配慮	学習内容の変更・調整	情報・コミュニケーション及び教材の配慮	学習機会や体験の確保
	障害による学習上又は生活上の困難を主体的に改善・克服するため、また、個性や障害の特性に応じて、その持てる力を高めるため、必要な知識、技能、態度、習慣を身に付けられるよう支援する。	認知の特性、身体の動き等に応じて、具体的な学習活動の内容や量、評価の方法等を工夫する。障害の状態、発達の段階、年齢等を考慮しつつ、卒業後の生活や進路を見据えた学習内容を考慮するとともに、学習過程において人間関係を広げることや自己選択・自己判断の機会を増やすこと等に留意する。	障害の状態等に応じた情報保障やコミュニケーションの方法について配慮するとともに、教材（ICT及び補助用具を含む）の活用について配慮する。	治療のため学習空白が生じることや障害の状態により経験が不足することに対し、学習機会や体験を確保する方法を工夫する。また、感覚と体験を総合的に活用できる学習活動を通じて概念形成を促進する。さらに、入学試験やその他の試験において配慮する。
視覚障害	見えにくさを補うことができるようにするための指導を行う。（弱視レンズ等の効果的な活用、他者に積極的に関わる意欲や態度の育成、見えやすい環境を知り自ら整えることができるようにする　等）	視覚による情報が受容しにくいことを考慮した学習内容の変更・調整を行う。（状況等の丁寧な説明、複雑な図の理解や読むことに時間がかかることを踏まえた時間延長、観察では必要に応じて近づくことや触感覚の併用、体育等における安全確保　等）	見えにくさに応じた教材及び情報の提供を行う。（聞くことで内容が理解できる説明や資料、拡大コピー、拡大文字を用いた資料、触ることができないもの（遠くのものや動きの速いもの等）を確認できる模型や写真　等）また、視覚障害を補う視覚補助具やICTを活用した情報の保障を図る。（画面拡大や色の調整、読み上げソフトウェア　等）	見えにくさからの概念形成の難しさを補うために、実物や模型に触る等能動的な学習活動を多く設ける。また、気付きにくい事柄や理解しにくい事柄（遠かったり大きかったりして触れないもの、動くものとその動き方等）の状況を説明する。さらに、学習の予定を事前に知らせ、学習の過程や状況をその都度説明することで、主体的に状況の判断ができるように指導を行う。
聴覚障害	聞こえにくさを補うことができるようにするための指導を行う。（補聴器等の効果的な活用、相手や状況に応じた適切なコミュニケーション手段（身振り、簡単な手話等）の活用に関すること　等）	音声による情報が受容しにくいことを考慮した学習内容の変更・調整を行う。（外国語のヒアリング等における音質・音量調整、聴覚室の変更、文字による代替問題の用意、球技等運動競技における音による合図を視覚的に表示　等）	聞こえにくさに応じた視覚的な情報の提供を行う。（分かりやすい板書、教科書の音読箇所の位置の明示、要点を視覚的な情報で提示、身振り、簡単な手話等の使用　等）また、聞こえにくさに応じた聴覚的な情報・環境の提供を図る。（座席の位置、話者の音量調整、机・椅子の脚のノイズ軽減対策（使用済みテニスボールの利用等）、防音環境のある指導室、必要に応じてFM式補聴器等の使用　等）	言語経験が少ないことによる、体験と言葉の結び付きの弱さを補うための指導を行う。（話合いの内容を確認するため書いて掲示し等させる、慣用句等言葉の表記と意味が異なる言葉の指導等）また、日常生活で必要とされる様々なルールや常識等の理解、あるいはそれに基づいた行動が困難な場合があるので、実際の場面を想定して、行動の在り方を考えさせる。
知的障害	できるだけ実生活につながる技術や態度を身に付けられるようにするとともに、社会生活上の規範やルールの理解を促すための指導を行う。	知的発達の遅れにより、全般的に学習内容の習得が困難な場合があることから、理解の程度に応じた学習内容の変更・調整を行う。（焦点化を図ること、基礎的・基本的な学習内容を重視すること、生活上必要な言葉等の意味を確実に理解できるようにすること　等）	知的発達の遅れに応じた分かりやすい指示や教材・教具を提供する。（文字の拡大や読み仮名の付加、話し方の工夫、文の長さの調整、具体的な用語の使用、動作化や視覚化の活用、数量等の理解を促すための絵カードや文字カード、数え棒、パソコンの活用　等）	知的発達の遅れにより、実際的な生活に役立つ技術や態度の習得が困難であることから、調理実習や宿泊学習等の具体的な活動場面において、生活力が向上するように指導するとともに、学習活動が円滑に進むように、図や写真を活用した日課表や活動予定表等を活用し、自主的に判断し見通しをもって活動できるように指導を行う。
肢体不自由	道具の操作の困難や移動上の制約等を改善できるように指導を行う。（片手で使うことができる道具の効果的な活用、校内の移動しにくい場所の移動方法について考えること及び実際の移動の支援　等）	上肢の不自由により時間がかかることや活動が困難な場合の学習内容の変更・調整を行う。（書く時間の延長、書いたり計算したりする量の軽減、体育等での運動の内容を変更　等）	書字や計算が困難な子どもに対し上肢の機能に応じた教材や機器を提供する。（書字の能力に応じたプリント、計算ドリルの学習にパソコンを使用、話し言葉が不自由な子どもにはコミュニケーションを支援する機器（文字盤や音声出力型の機器等）の活用　等）	経験の不足から理解しにくいことや移動の困難さから参加が難しい活動については、一緒に参加することができる手段等を講じる。（新しい単元に入る前に新出の語句や未経験と思われる活動のリストを示し予習できるようにする、車いす使用の子どもが栽培活動に参加できるよう高い位置に花壇を作る　等）
病弱	服薬管理や環境調整、病状に応じた対応等ができるよう指導を行う。（服薬の意味と定期的な服薬の必要性確認や服薬量の徹底、眠気を伴い危険性が生じるなどの薬の副作用の理解とその対応、必要に応じた休憩など病状に応じた対応　等）	病気により実施が困難な学習内容等について、主治医からの指導・助言や学校生活管理指導表に基づいた変更・調整を行う。（習熟度に応じた教材の準備、実技を実施可能なものに変更、入院等での学習空白を考慮した学習内容に変更・調整、アレルギー等のために使用できない材料を別の材料に変更　等）	病気のため移動範囲や活動量が制限されている場合に、ICT等を活用し、間接的な体験や他の人とのコミュニケーションの機会を提供する。（友達との手紙やメールの交換、テレビ会議システム等を活用したリアルタイムのコミュニケーション、インターネット等を活用した疑似体験　等）	入院時の教育の機会や短期間で入退院を繰り返す児童生徒の教育の機会を確保する。その際、体験的な活動を通して概念形成を図るなど、入院による体験不足を補うことができるように指導する。（視聴覚教材等の活用、ビニール手袋を着用して物に直接触れるなど感染症対策を考慮した指導、テレビ会議システム等を活用した遠隔地の友達と協働した取組　等）
言語障害	話すことに自信をもち積極的に学習等に取り組むことができるようにするための発音の指導を行う。（一斉指導における個別的な発音の指導、個別指導による音読、九九の発音等の指導）	発音のしにくさ等を考慮した学習内容の変更・調整を行う。（教科書の音読や音楽の合唱等における個別的な指導、書くことによる代替、構音指導を意識した教科指導　等）	発音が不明瞭な場合には、代替手段によるコミュニケーションを行う。（筆談、ICT機器の活用等）	発音等の不明瞭さによる自信の喪失を軽減するために、個別指導の時間等を確保し、音読、九九の発音等の指導を行う。
自閉症・情緒障害	自閉症の特性である「適切な対人関係形成の困難さ」「言語発達の遅れや異なった意味理解」「手順や方法に独特のこだわり」等により、学習内容の習得の困難さを補完する指導を行う。（動作等を利用して意味を理解する、繰り返し練習をして道具の使い方を正確に覚える　等）	自閉症の特性により、数量や言葉等の理解が部分的であったり、偏っていたりする場合の学習内容の変更・調整を行う。（理解の程度を考慮した基礎的・基本的な内容の確実な習得、社会適応に必要な技術や態度を身に付けること　等）	自閉症の特性を考慮し、視覚を活用した情報を提供する。（写真や図面、模型、実物等の活用）また、細かな制作等に苦手さが目立つ場合が多いことから、扱いやすい道具を用意したり、補助具を効果的に利用したりする。	自閉症の特性により、実際に体験しなければ、行動等の意味を理解することが困難であることから、実際的な体験の機会を多くするとともに、言葉による指示だけでは行動できないことが多いことから、学習活動の順序を分かりやすくなるよう活動予定表等の活用を行う。
学習障害	読み書きや計算等に関して苦手なことをできるようにする、別の方法で代替する、他の能力で補完するなどに関する指導を行う。（文字の形を見分けることをできるようにする、パソコン、デジカメ等の使用、口頭試問による評価　等）	「読む」「書く」等特定の学習内容の習得が難しいので、基礎的な内容の習得を確実にすることを重視した学習内容の変更・調整を行う。（習熟のための時間を別に設定、軽重をつけた学習内容の配分　等）	読み書きに時間がかかる場合、本人の能力に合わせた情報を提供する。（文章を読みやすくするために体裁を変える、拡大文字を用いた資料、振り仮名をつける、音声やコンピュータの読み上げ、聴覚情報を併用して伝える　等）	身体感覚の発達を促すために活動を通した指導を行う。（体を大きく使った活動、様々な感覚を同時に使った活動　等）また、活動内容を分かりやすく説明して安心して参加できるようにする。
注意欠陥多動性障害	行動を最後までやり遂げることが困難な場合には、途中で忘れないように工夫したり、別の方法で補ったりするための指導を行う。（自分を客観視する、物品の管理方法の工夫、メモの使用　等）	注意の集中を持続することが苦手であることを考慮した学習内容の変更・調整を行う。（学習内容を分割して適切な量にする　等）	聞き逃しや見逃し、書類の紛失等が多い場合には伝達する情報を整理して提供する。（掲示物の整理整頓・精選、目を合わせての指示、メモの視覚情報の活用、静かで集中できる環境づくり　等）	好きなものと関連付けるなど興味・関心が持てるように学習活動の導入を工夫し、危険防止策を講じた上で本人が直接参加できる体験学習を通した指導を行う。
重複障害			（視覚障害と聴覚障害）障害の重複の状態と学習の状況に応じた適切なコミュニケーション手段を選択するとともに、必要に応じて状況説明を含めた情報提供を行う。（補聴器、弱視レンズ、拡大文字、簡単な手話の効果的な活用　等）	

心理面・健康面の配慮	専門性のある指導体制の整備	幼児児童生徒、教職員、保護者、地域の理解啓発を図るための配慮	災害時等の支援体制の整備
適切な人間関係を構築するため、集団におけるコミュニケーションについて配慮するとともに、他の幼児児童生徒が障害について理解を深めることができるようにする。学習に見通しが持てるようにしたり、周囲の状況を判断できるようにしたりして心理的不安を取り除く。また、健康状態により、学習内容・方法を柔軟に調整し、障害に起因した不安感や孤独感を解消し自己肯定感を高める。 学習の予定や進め方を分かりやすい方法で知らせておくことや、それを確認できるようにすることで、心理的不安を取り除くとともに、周囲の状況を判断できるようにする。	校長がリーダーシップを発揮し、学校全体として専門性のある指導体制を確保することに努める。そのため、個別の教育支援計画や個別の指導計画を作成するなどにより、学校内外の関係者の共通理解を図るとともに、役割分担を行う。また、学習の場面等を考慮した校内の役割分担を行う。 必要に応じ、適切な人的配置（支援員等）を行うほか、学校内外の教育資源（通級による指導や特別支援学級、特別支援学校のセンター的機能、専門家チーム等による助言等）の活用や医療、福祉、労働等関係機関との連携を行う。	障害のある幼児児童生徒に関して、障害によって日常生活や学習場面において様々な困難が生じることについて周囲の幼児児童生徒の理解啓発を図る。共生の理念を涵養するため、障害のある幼児児童生徒の集団参加の方法について、障害のない幼児児童生徒が考え実践する機会や障害のある幼児児童生徒自身が障害について周囲の人に理解を広げる方法等を考え実践する機会を設定する。また、保護者、地域に対しても理解啓発を図るための活動を行う。	災害時等の対応について、障害のある幼児児童生徒の状態を考慮し、危機の予測、避難方法、災害時の人的体制等、災害時体制マニュアルを整備する。また、災害時等における対応が十分にできるよう、避難訓練等の取組に当たっては、一人一人の障害の状態等を考慮する。
自己の視覚障害を理解し、眼疾の進行や事故を防止できるようにするとともに、身の回りの状況が分かりやすい校内の環境作りを図り、見えにくい時には自信をもって尋ねられるような雰囲気を作る。また、視覚に障害がある児童生徒等が集まる交流の機会の情報提供を行う。	特別支援学校（視覚障害）のセンター的機能及び弱視特別支援学級、通級による指導等の専門性を積極的に活用する。また、眼科医からのアドバイスを日常生活に必要な配慮に生かすとともに、理解啓発に活用する。さらに、点字図書館等地域資源の活用を図る。	その子特有の見えにくさ、使用する視覚補助具・教材について周囲の児童生徒、教職員、保護者への理解啓発に努める。	見えにくさに配慮して災害とその際の対応や避難について理解できるようにするとともに、緊急時の安全確保ができる校内体制を整備する。
情報が入らないことによる孤立感を感じさせないよう学級の雰囲気作りを行う。また、通常の学級での指導に加え、聴覚に障害がある児童生徒等が集まる交流の機会の情報提供を行う。	特別支援学校（聴覚障害）のセンター的機能及び難聴特別支援学級、通級による指導等の専門性を積極的に活用する。また、耳鼻科、補聴器店、難聴児親の会、聴覚障害者協会等との連携による、理解啓発のための学習会や、児童生徒のための交流会の活用を図る。	使用する補聴器等や、多様なコミュニケーション手段について、周囲の児童生徒、教職員、保護者への理解啓発に努める。	放送等による避難指示を聞き取ることができない児童生徒に対し、緊急時の安全確保と避難誘導等を迅速に行うための校内体制を整備する。
知的発達の遅れ等によって、友人関係を十分には形成できないことや、年齢が高まるにつれて友人関係の維持が困難になることもあることから、集団の一員として帰属意識がもてるような機会を確保するとともに、自尊感情や自己肯定感、ストレス等の状態を踏まえた適切な対応を図る。	知的障害の状態は外部からは分かりにくいことから、専門家からの支援や、特別支援学校（知的障害）のセンター的機能及び特別支援学級等の専門性を積極的に活用する。また、てんかん等への対応のため、必要に応じて医療機関との連携を図る。	知的障害の状態は他者から分かりにくいこと、かつ、その特性としては、実体験による知識学の習得が必要であることから、それらの特性を踏まえた対応ができるように、周囲の児童生徒等や教職員、保護者への理解啓発に努める。	適切な避難等の行動の仕方が分からず、極度に心理状態が混乱することを想定した避難誘導のための校内体制を整備する。
下肢の不自由による転倒のしやすさ、車いす使用に伴う健康上の問題等を踏まえた支援を行う。（体育の時間における膝や肘のサポーターの使用、長距離の移動時の介助者の確保、車いす使用時に必要な1日数回の姿勢の変換及びそのためのスペースの確保　等）	体育担当教員、養護教諭、栄養職員、学校医を含むサポートチームが教育的ニーズを把握する支援の内容方法を検討する。必要に応じて特別支援学校（肢体不自由、知的障害）からの支援を受けるとともにPT、OT、ST等の指導助言を活用する。また、医療的ケアが必要な場合には看護師等、医療関係者との連携を図る。	移動や日常生活動作に制約があることや、移動しやすさを確保するために協力できることなどについて、周囲の児童生徒、教職員、保護者への理解啓発に努める。	移動の困難さを踏まえた避難の方法や体制及び避難後に必要となる支援体制を整備する。（車いすで避難する際の経路や人的体制の確保、移動が遅れる場合の対応方法の検討、避難後に必要な支援の一覧表の作成　等）
入院や手術、病気の進行への不安等を理解し、心理状態に応じて弾力的に指導を行う。（治療過程での学習可能な時期を把握し健康状態に応じた指導、アレルギーの原因となる物質の除去や病状に応じた適切な運動等について医療機関と連携した指導　等）	学校生活を送る上で、病気のために必要な生活規制や必要な支援を明確にするとともに、急な病状の変化に対応できるように校内体制を整備する。（主治医や保護者からの情報に基づく適切な支援、日々の体調把握のための保護者との連携、緊急の対応が予想される場合の全教職員による支援体制の構築）また、医療的ケアが必要な場合には看護師等、医療関係者との連携を図る。	病状によっては特別な支援を必要とするという理解を広め、病状が急変した場合に緊急対応ができるよう、児童生徒、教職員、保護者の理解啓発に努める。（ペースメーカー使用者の運動制限など外部から分かりにくい病気とその病状を維持・改善するために必要な支援に関する理解、心身症や精神疾患等の特性についての理解、心臓発作やてんかん発作等への対応についての理解　等）	医療機関への搬送や必要とする医療機関からの支援を受けることが出来るようにするなど、子どもの病気に応じた支援体制を整備する。（病院へ搬送した場合の対応方法、救急隊員等への事前の連絡、急いで避難することが困難な児童生徒（心臓病等）が逃げ遅れないための支援等）
言語障害（構音障害、吃音等）のある児童生徒等が集まる交流の機会の情報提供を行う。	特別支援学校（聴覚障害）のセンター的機能及び言語障害特別支援学級、通級による指導等の専門性を積極的に活用する。また、言語障害の専門家(ST等)との連携による指導の充実を図る。	構音障害、吃音等の理解、本人の心情理解等について、周囲の児童生徒、教職員、保護者への理解啓発に努める。	発語による連絡が難しい場合には、その代替手段により安否を伝える方法等を取り入れた避難訓練を行う。
情緒障害のある児童生徒等の状態(情緒不安や不登校、ひきこもり、自尊感情や自己肯定感の低下等)に応じた指導を行う。（カウンセリング的対応や医師の診断を踏まえた対応　等）また、自閉症の特性により、二次的な障害として、情緒障害と同様の状態が起きやすいことから、それらの予防に努める。	自閉症や情緒障害を十分に理解した専門家からの支援や、特別支援学校のセンター的機能や自閉症・情緒障害特別支援学級、医療機関等の専門性を積極的に活用し、自閉症等の特性について理解を深められるようにする。	他者からの働きかけを適切に受け止められないことがあることや方法や手順に独特のこだわりがあること等について、周囲の児童生徒等や教職員、保護者への理解啓発に努める。	自閉症や情緒障害のある児童生徒は、災害時の環境の変化に適応することが難しく、極度に混乱した心理状態やパニックに陥ることを想定した支援体制を整備する。
苦手な学習活動があることで、自尊感情が低下している場合には、成功体験を増やしたり、友達から認められたりする場を設ける。（文章を理解することに時間がかかることを踏まえた時間延長、必要な学習活動に重点的な時間配分、受容的な学級の雰囲気作り、困ったときに相談できる人や場所の確保　等）	特別支援学校や発達障害者支援センター、教育相談担当部署等の外部専門家からの助言等を生かし、指導の充実を図る。また、通級による指導等学校内の資源の有効活用を図る。	努力によっても変わらない苦手なことや生まれつき得意なこと等、様々な個性があることや特定の感覚が過敏な場合もあること等について、周囲の児童生徒、教職員、保護者への理解啓発に努める。	指示内容を素早く理解し、記憶することや、掲示物を読んで避難経路等を理解することが難しい場合等を踏まえた避難訓練に取り組む。（具体的で分かりやすい説明、不安心を持たずに行動ができるような避難訓練の継続　等）
活動に持続的に取り組むことが難しく、また不注意による失敗や衝動的な行動が多いので、成功体験を増やし、友達から認められる機会の増加に努める。（十分な活動のための時間の確保、物品管理のための棚等の準備、良い面を認め合えるような受容的な学級の雰囲気作り、感情のコントロール方法の指導、困ったときに相談できる人や場所の確保　等）	特別支援学校や発達障害者支援センター、教育相談担当部署等の外部専門家からの助言等を生かし、指導の充実を図る。また、通級による指導等学校内の資源の有効活用を図る。	不適切と受け止められやすい行動についても、本人なりの理由があることや、生まれつきの特性によること、危険な行動の安全な制止、防止の方策について、周囲の児童生徒、教職員、保護者への理解啓発に努める。	落ち着きを失ったり、指示の途中で動いたりする傾向を踏まえた、避難指示を行う。（項目を絞った短時間での避難指示、行動を過度に規制しない範囲で見守りやパニックの予防等）
（視覚障害と聴覚障害）見えにくく聞こえにくいことから多人数と同時にコミュニケーションが取りにくいため、学級内で孤立しないように、適時・適切な情報の提供を保障する。	・ここにあるものはあくまで例示であり、これ以外は「合理的配慮」として提供する必要がないということではない。 ・「合理的配慮」は、一人一人の障害の状態や教育的ニーズ等に応じて決定されるものであり、設置者・学校と本人・保護者により、発達の段階を考慮しつつ、「合理的配慮」の観点を踏まえ、「合理的配慮」について可能な限り合意形成を図った上で決定し、提供されることが望ましく、その内容を個別の教育支援計画に明記することが望ましい。 ・複数の種類の障害を併せ有する場合には、各障害種別に例示している「合理的配慮」を柔軟に組み合わせる。 ・「合理的配慮」の決定後も、幼児児童生徒一人一人の発達の程度、適応の状況等を勘案しながら柔軟に見直す。		

（文部科学省「共生社会の形成に向けたインクルーシブ教育システム構築のための特別支援教育の推進（報告）別表」より作成）

	校内環境のバリアフリー化	発達、障害の状態及び特性等に応じた指導ができる施設・設備の配慮	災害時等への対応に必要な施設・設備の配慮
	障害のある幼児児童生徒が安全かつ円滑に学校生活を送ることができるよう、障害の状態等に応じた環境にするために、スロープや手すり、便所、出入口、エレベーター等について施設の整備を計画する際に配慮する。また、既存の学校施設のバリアフリー化についても、障害のある幼児児童生徒の在籍状況等を踏まえ、学校施設に関する合理的な整備計画を策定し、計画的にバリアフリー化を推進できるよう配慮する。	幼児児童生徒一人一人が障害の状態等に応じ、十分に学習に取り組めるよう、必要に応じて様々な教育機器等の導入や施設の整備を行う。また、一人一人の障害の状態、障害の特性、認知特性、体の動き、感覚等に応じて、その持てる能力を最大限活用して自主的、自発的に学習や生活ができるよう、各教室等の施設・設備について、分かりやすさ等に配慮を行うとともに、日照、室温、音の影響等に配慮する。さらに、心のケアを必要とする幼児児童生徒への配慮を行う。	災害時等への対応のため、障害の状態等に応じた施設・設備を整備する。
視覚障害	校内での活動や移動に支障がないように校内環境を整備する。(廊下等も含めて校内の十分な明るさの確保、分かりやすい目印、段差等を明確に分かるようにして安全を確保する 等)	見えやすいように環境を整備する。(眩しさを防ぐために光の調整を可能にする設備(ブラインドやカーテン、スタンド等) 必要に応じて教室に拡大読書器を設置する 等)	避難経路に明確な目印や照明を設置する。
聴覚障害	放送等の音声情報を視覚的に受容することができる校内環境を整備する。(教室等の字幕放送受信システム 等)	教室等の聞こえの環境を整備する。(絨毯・畳の指導室の確保、行事における進行次第や挨拶文、劇の台詞等の文字表示 等)	緊急情報を視覚的に受容することができる設備を設置する。
知的障害	自主的な移動を促せるよう、動線や目的の場所が視覚的に理解できるようにするなどの校内環境を整備する。	危険性を予知できないことによる高所からの落下やけが等が見られることから、安全性を確保した校内環境を整備する。また、必要に応じて、生活力の向上が必要であることから、生活体験を主とした活動を可能にする場を用意する。	災害等発生後における行動の仕方が分からないことによる混乱した心理状態に対応できるように、簡潔な導線、分かりやすい設備の配置、明るさの確保等を考慮して施設・設備を整備する。
肢体不自由	車いすによる移動やつえを用いた歩行ができるように、教室配置の工夫や施設改修を行う。(段差の解消、スロープ、手すり、開き戸、自動ドア、エレベーター、障害者用トイレの設置 等)	上肢や下肢の動きの制約に対して施設・設備を工夫又は改修するとともに、車いす等で移動しやすいような空間を確保する。(上下式のレバーの水栓、教室内を車いすで移動できる空間、廊下の障害物除去、姿勢を変換できる場所、休憩スペースの設置等)	移動の困難さに対して避難経路を確保し、必要な施設・設備の整備を行うとともに、災害等発生後の必要な物品を準備する。(車いす、担架、非常用電源や手動で使える機器 等)
病弱	心臓病等のため階段を使用しての移動が困難な場合や児童生徒が自ら医療上の処置(二分脊椎症等の自己導尿等)を必要とする場合等に対応できる施設・設備を整備する。	病気の状態に応じて、健康状態や衛生状態の維持、心理的な安定等を考慮した施設・設備を整備する。(色素性乾皮症の場合の紫外線カットフィルム、相談や箱庭等の心理療法を活用できる施設、落ち着けない時や精神状態が不安定な時の児童生徒が落ち着ける空間の確保等)	災害等発生時については病気のため迅速に避難できない児童生徒の避難経路を確保する、災害等発生後については薬や非常用電源の確保するとともに、長期間の停電に備え手動で使える機器等を整備する。
言語障害			
自閉症・情緒障害	自閉症の特性を考慮し、備品等を分かりやすく配置したり、動線や目的の場所が視覚的に理解できるようにしたりなどする。	衝動的な行動によるけが等が見られることから、安全性を確保した校内環境を整備する。また、興奮が収まらない場合の先、クールダウン等のための場所を確保するとともに、必要に応じて、自閉症特有の感覚(明るさやちらつきへの過敏性等)を踏まえた校内環境を整備する。	災害等発生後における環境の変化に適応できないことによる心理状態(パニック等)を想定し、外部からの刺激を制限できるような避難場所及び施設・設備を整備する。
学習障害		類似した情報が混在していると、必要な情報を選択することが困難になるため、不要な情報を隠したり、必要な情報だけが届くようにしたりできるように校内の環境を整備する。(余分な物を覆うカーテンの設置、視覚的にわかりやすいような表示 等)	
注意欠陥多動性障害		注意集中が難しいことや衝動的に行動してしまうこと、落ち着きを取り戻す場所が必要なこと等を考慮した施設・設備を整備する。(余分なものを覆うカーテンの設置、照明器具等の防護対策、危険な場所等の危険防止柵の設置、静かな小部屋の設置 等)	災害等発生後、避難場所において落ち着きを取り戻す場所が必要なことを考慮した静かな小空間等を確保する。
重複障害			

(文部科学省「共生社会の形成に向けたインクルーシブ教育システム構築のための特別支援教育の推進(報告) 別表」より作成)

災害時に障害のある方が困ること

視覚障害のある方が
避難所で困ること

● **誘導のサポートが必要**
視覚障害者の半歩前に立ち、腕を持ってもらい歩きます。

● **掲示板の情報が読めない**
声に出して、読み上げて情報伝達を行います。

● **周囲の状況がわからず不安**
困っていても助けを求められないことも。迷ったら声がけを！

車いす利用の方が
避難所で困ること

● **移動のサポートが必要**
階段など、持ち上げて運ぶ際は3名以上で安全に行う。

● **広いスペースが必要**
特にトイレや着替えの際は広めの空間を確保する。

● **長時間同じ姿勢でいると危険**
床ずれの原因になるため、寝返りの介助やクッションの用意を！

知的障害のある方が
避難所で困ること

● **複雑な説明が理解しづらい**
ゆっくり丁寧に、具体的でシンプルな説明をする。

● **否定・注意がわからない**
「〜したらだめ」ではなく「〜しましょう」と行動を促す。

● **パニックを起こしやすい**
いきなり体に触れたりするのではなく、優しく声をかける。

聴覚障害のある方が
避難所で困ること

● **館内放送が聞こえない**
放送の内容は紙に書き出して、掲示する。

● **危険の察知がしづらい**
車のクラクションや声に反応しづらいので、注意して見守る。

● **周囲の状況がわからず不安**
筆談、口話（口の動きをゆっくり見せる）など別の方法で伝達。

(東京新聞・日本ユニバーサルマナー協会「30秒でチェック！災害時のユニバーサルマナー」より転載。日本ユニバーサルマナー協会　https://universal-manners.jp)

★他にも、学校には特別な配慮が必要な児童生徒がいます。障害のある子どもと同様に、学校現場における配慮が求められています。

・外国につながる子ども（外国籍／親のどちらかが外国人／日本籍でも日本語指導が必要な子ども）
公立学校における日本語指導が必要な児童生徒は、10年間で1.5倍に増えました。集住地域では特に割合が高いものの、どの学校にも少なからず在籍しています。
＜参考資料＞
「かすたねっと」文部科学省（外国につながりのある児童・生徒の学習を支援する情報検索サイト）
https://casta-net.mext.go.jp
「外国人児童生徒受入れの手引」文部科学省
https://www.mext.go.jp/a_menu/shotou/clarinet/002/1304668.htm

・セクシャルマイノリティ（生まれてきたときの性別に違和感をもつ子や、同性を好きだと気づきとまどう子など）
子どもたち一人ひとりが、性にかぎらず、自分や他者の多様性について肯定的に受け止め、お互いを尊重し、助け合っていけるようにしていくことが大切です。
＜参考資料＞
「教職員のためのセクシュアルマイノリティーサポートブック」性と生を考える会
https://seitosei.wixsite.com/website
「ReBit」ホームページ（小中高大・教育委員会・行政などで、多様な性に関する授業・研修を実施しているNPO法人）
https://rebitlgbt.org

手　　紙

頭語と結語

	頭　　語	結　語		頭　　語	結　語
一般的な場合	拝啓、拝呈、啓上 一筆申し上げます。	敬　具 拝　具	前文を省略する 場合	前略、冠省 前文お許しください。	草々、早々
ていねいな場合	謹啓、謹呈、恭啓 謹んで申し上げます。	敬　白 謹　言	同一用件の場合	再啓、再呈、追啓 重ねて申し上げます。	再拝、拝具 敬白
急ぐ場合	急啓、急呈、急白 取り急ぎ申し上げます。	草　々 不　一	返信の場合	拝復、謹答、復啓 ご書面拝読いたしました。	敬具

副文の起語
　追伸、追啓、追書、再申

時候のあいさつ

月	あ　い　さ　つ	月	あ　い　さ　つ
1月 (睦月)	謹賀新年、新春の候、厳冬の候、寒気きびしい折から、初春とはいえきびしい寒さでございます、近年にない寒さ	7月 (文月)	盛夏の候、炎暑の候、暑さきびしい折から、暑中お見舞い申し上げます、海や山の恋しい季節となりました、連日きびしい暑さが続いております
2月 (如月)	余寒の候、残寒かえってきびしい折から、立春とは名ばかりの寒い日が続いております、梅のつぼみもそろそろ膨らみ始めました	8月 (葉月)	残暑の候、晩夏の候、残暑なおきびしい折から、暑さもようやく峠を越したようです
3月 (弥生)	早春の候、日増しに暖かくなってまいりました、ようやく春めいてまいりました、ひと雨ごとに暖かくなってまいりました	9月 (長月)	初秋の候、新秋の候、新涼の候、朝夕めっきりしのぎやすくなりました、さわやかな季節になりました
4月 (卯月)	春暖の候、陽春の候、春もたけなわになりました、花の便りも聞かれるころとなりました、うららかな好季節を迎え、桜花爛漫の今日このごろ	10月 (神無月)	仲秋の候、秋冷の候、秋の夜長となりました、秋晴れの快い季節となりました、日増しに秋も深まってまいりました
5月 (皐月)	新緑の候、若葉の候、青葉かおるころ、風かおるさわやかな季節になりました、新緑が燃えるような五月になりました	11月 (霜月)	晩秋の候、深秋の候、向寒の折から、朝夕はめっきり冷え込む昨今、紅葉の美しい季節になりました
6月 (水無月)	初夏の候、梅雨の候、天候不順の折から、向暑の折から、うっとうしい梅雨の季節になりました、さわやかな初夏となりました	12月 (師走)	初冬の候、師走の候、寒冷の候、きびしい寒さが続きます、歳末ご多忙の折、今年もおしせまってまいりました

安否のあいさつ

貴　　社 貴　　店 貴　　行 貴　　会 貴　　下 貴　　殿 皆々様 各　　位	ますます いよいよ に　は	ご盛栄 ご発展 ご隆盛 ご繁栄 ご隆昌 ご清栄 ご壮健 ご健勝 ご清適	のことと の　趣 の　由	お喜び申し上げます 慶賀いたします 大慶に存じます 賀しあげます 何よりと存じます

業務のあいさつ

平素は 日頃は 毎　度 常　々 長　年	何かと 格別の 特別の 非常な 身にあまる	お引き立てを ご厚情を ご愛顧を ご高配を ご指導を ご支援を	賜わり 預　り いただき くださり 受　け	厚く御礼申し上げます ありがたく御礼申し上げます 感謝いたしております 恐縮に存じます

尊 敬 語

	自分について	相手方に対する尊称
本 人	私、小生（姓名）	あなた(様)、御主人様、御一同様、各位、…様 先生
会 社 商 店	当社、弊社、小社 弊店、当店、小店	貴社、御社、貴行 貴店、貴営業所
社 員	当社社員 （弊社）	貴社社員、貴店店員 貴行行員、御社…様
団 体	当会、本会、協会 本組合、当事務所	貴会、貴協会、貴組合 貴事務所
学 校	当校、本校、母校 本学	貴校、御校、御母校 貴学
家 族	家族一同、私ども	御親族、御一同 御尊父様
住 所	当地、当市、本県 弊地、当方	御地、貴地、そちら

	自分について	相手方に対する尊称
家 屋	拙宅、私宅、私方、 小宅、弊宅	貴家、尊家、お宅、 貴邸、御尊宅
物 品	寸志、粗品	御厚志、佳品
手 紙	書面、手紙、書中	お手紙、御書面、 御書信、御親書
意 見	所見、私見、考え	御意見、御所感
配 慮	配慮	御配慮、御高配、 御尽力
授 受	拝受、入手、受領	御査収、御検収、 お納め、御入手、 御受領
往 来	お伺い、参上、 御訪問	御来社、御来訪、 お立ち寄り

慣 用 句

起筆	とり急ぎご挨拶申し上げます。 早速ながら、次の通り申し上げます。 突然にて失礼ながら申し上げます。 とりあえず一報申し上げます。	紹介・推薦	○○様（君）をご紹介申し上げます。ぜひ一度、ご引見賜わりたく存じます。 ○○様（君）を推薦申し上げますので、どうぞご高配ください。
感謝	早速のご回答有り難く、厚く御礼申し上げます。 お引立て心より感謝しております。 ご厚情、深謝奉ります。 突然お伺いいたし、ご多忙中にもかかわらず何かとお手数を煩わし、恐縮に存じました。	断わる	ご期待にそえなくて、誠に申し訳ございません。 お役に立てず、誠に恐縮に存じます。 せっかくのご依頼ですが不本意ながらご遠慮（辞退）申し上げます。 誠に残念でございますが、
依頼	書面では失礼とは存じますがお願い申し上げます。 なにぶんのご指示をお願い申し上げます。 なにぶんのご回答をお願い申し上げます。 折り返しなにぶんのご回答賜わりますようお願いいたします。 なにぶんのご配慮願い上げます。 なにとぞお聞き届けのほど願い上げます。 お引立てのほどひとえにお願い申し上げます。 重ねてご依頼申し上げます。 まずはご依頼まで。 相変らずご愛顧のほどひとえにお願い申し上げます。 引き続きご用命いただきますようお願いいたします。 ぜひご承諾くださいますようお願いいたします。 よろしくお聞きとどけくださいますようお願い申し上げます。	陳謝・許しをこう	このたびは、ご迷惑をかけ何ともお詫び申し上げようもございません。 重ね重ね誠に恐縮に存じます。 なにとぞ事情ご賢察のうえ、ご寛容くださいますようお願い申し上げます。 深く陳謝いたします。 なにとぞお許しのほど願い上げます。 なにとぞご容赦のほど願い上げます。
		自愛を祈る	ご自愛のほど願い上げます。 時節柄ご自愛のほどお祈り申し上げます。 なお一層のご健康とご発展をお祈り申し上げます。
配慮	まげてお聞きとどけくださいますようお願い申し上げます。 なにとぞご了承賜わりますようお願い申し上げます。 ご高配のほどお願い申し上げます。 今後とも倍旧のお引立てをお願い申し上げます。	回答・結び	まずはご返事（ご通知）申し上げます。 取りあえずお願いまで。 取りあえず書中をもってお詫び申し上げます。 とり急ぎご照会申し上げます。 まずはご案内（ご通知）申し上げます。 お礼かたがたご案内申し上げます。 まずはご照会申し上げます。 まずは略儀ながら書中をもってご挨拶申し上げます。 取りあえずご一報申し上げます。

入学・卒業年早見表（小中高・学年別） 2024年度版

小学校

	1学年		2学年		3学年	
生年	平成29年	2017	平成28年	2016	平成27年	2015
生年（早生まれ）	平成30年	2018	平成29年	2017	平成28年	2016
小学校入学	令和6年4月	2024	令和5年4月	2023	令和4年4月	2022
小学校卒業	令和12年3月	2030	令和11年3月	2029	令和10年3月	2028
中学校入学	令和12年4月	2030	令和11年4月	2029	令和10年4月	2028
中学校卒業	令和15年3月	2033	令和14年3月	2032	令和13年3月	2031
高校入学	令和15年4月	2033	令和14年4月	2032	令和13年4月	2031
高校卒業	令和18年3月	2036	令和17年3月	2035	令和16年3月	2034
大学等入学	令和18年4月	2036	令和17年4月	2035	令和16年4月	2034
短大等（2年制）卒業	令和20年3月	2038	令和19年3月	2037	令和18年3月	2036
大学等（4年制）卒業	令和22年3月	2040	令和21年3月	2039	令和20年3月	2038
成人になる年度	令和17年	2035	令和16年	2034	令和15年	2033

	4学年		5学年		6学年	
生年	平成26年	2014	平成25年	2013	平成24年	2012
生年（早生まれ）	平成27年	2015	平成26年	2014	平成25年	2013
小学校入学	令和3年4月	2021	令和2年4月	2020	平成31年4月	2019
小学校卒業	令和9年3月	2027	令和8年3月	2026	令和7年3月	2025
中学校入学	令和9年4月	2027	令和8年4月	2026	令和7年4月	2025
中学校卒業	令和12年3月	2030	令和11年3月	2029	令和10年3月	2028
高校入学	令和12年4月	2030	令和11年4月	2029	令和10年4月	2028
高校卒業	令和15年3月	2033	令和14年3月	2032	令和13年3月	2031
大学等入学	令和15年4月	2033	令和14年4月	2032	令和13年4月	2031
短大等（2年制）卒業	令和17年3月	2035	令和16年3月	2034	令和15年3月	2033
大学等（4年制）卒業	令和19年3月	2037	令和18年3月	2036	令和17年3月	2035
成人になる年度	令和14年	2032	令和13年	2031	令和12年	2030

中学校

	1学年		2学年		3学年	
生年	平成23年	2011	平成22年	2010	平成21年	2009
生年（早生まれ）	平成24年	2012	平成23年	2011	平成22年	2010
小学校入学	平成30年4月	2018	平成29年4月	2017	平成28年4月	2016
小学校卒業	令和6年3月	2024	令和5年3月	2023	令和4年3月	2022
中学校入学	令和6年4月	2024	令和5年4月	2023	令和4年4月	2022
中学校卒業	令和9年3月	2027	令和8年3月	2026	令和7年3月	2025
高校入学	令和9年4月	2027	令和8年4月	2026	令和7年4月	2025
高校卒業	令和12年3月	2030	令和11年3月	2029	令和10年3月	2028
大学等入学	令和12年4月	2030	令和11年4月	2029	令和10年4月	2028
短大等（2年制）卒業	令和14年3月	2032	令和13年3月	2031	令和12年3月	2030
大学等（4年制）卒業	令和16年3月	2034	令和15年3月	2033	令和14年3月	2032
成人になる年度	令和11年	2029	令和10年	2028	令和9年	2027

高等学校

	1学年		2学年		3学年	
生年	平成20年	2008	平成19年	2007	平成18年	2006
生年（早生まれ）	平成21年	2009	平成20年	2008	平成19年	2007
小学校入学	平成27年4月	2015	平成26年4月	2014	平成25年4月	2013
小学校卒業	令和3年3月	2021	令和2年3月	2020	平成31年3月	2019
中学校入学	令和3年4月	2021	令和2年4月	2020	平成31年4月	2019
中学校卒業	令和6年3月	2024	令和5年3月	2023	令和4年3月	2022
高校入学	令和6年4月	2024	令和5年4月	2023	令和4年4月	2022
高校卒業	令和9年3月	2027	令和8年3月	2026	令和7年3月	2025
大学等入学	令和9年4月	2027	令和8年4月	2026	令和7年4月	2025
短大等（2年制）卒業	令和11年3月	2029	令和10年3月	2028	令和9年3月	2027
大学等（4年制）卒業	令和13年3月	2031	令和12年3月	2030	令和11年3月	2029
成人になる年度	令和8年	2026	令和7年	2025	令和6年	2024

※一般的な入学・卒業年です。留年等の場合には、表示された数字から計算してください。

今年成人を迎える卒業生	小学校卒業年	平成31年3月	2019
	中学校卒業年	令和4年3月	2022

おくりもの＆電報メモ

年・月	だれに / だれから	品　物・文　面

Name	Address	Phone

防災のチェックポイント

防災関係の情報源

NHK あなたの天気・防災	https://www.nhk.or.jp/kishou-saigai/
日本気象協会：警報・注意報	https://tenki.jp/warn/
気象庁：防災情報	https://www.jma.go.jp/jma/menu/flash.html
国土交通省：川の防災情報	https://www.river.go.jp/
内閣府：防災情報のページ	https://www.bousai.go.jp/
東京都防災ホームページ	https://www.bousai.mctro.tokyo.lg.jp/
防災科研（NIED）	https://www.bosai.go.jp/

災害時の連絡方法

災害用伝言ダイヤル171 ※171の後はガイダンスに従って操作ください。

携帯各社の災害用伝言板 ※トップメニューから「災害用伝言板」を選択ください。
スマートフォンの場合は各社にお問い合わせください。

災害用伝言板(web171)	https://www.web171.jp

※上記サイトで案内に従って登録してください。

安否情報まとめて検索 - J-anpi	https://anpi.jp/top

※電話番号または氏名から、災害用伝言板、報道機関、各企業・団体が提供する安否情報を一括検索し、結果を確認することができます。

非常時持ち出し品リスト　直ぐに持ち出せるようにリュックサックに入れておきましょう。

	用意するもの	注意点
食料	飲料水、ビスケット、乾パン、缶詰、レトルト食品、アルファー米、インスタント食品、おしゃぶり昆布(塩分補給できるもの)、甘い菓子(チョコレート等) ※粉ミルク、哺乳瓶、離乳食	食料・飲料水は最低3日分用意しましょう。(飲料水は一人1日最低3リットル必要)また、定期的に賞味期限の確認が必要です。
医療用品	常備薬、消毒液、傷薬、鎮痛剤、風邪薬、胃腸薬、目薬、消毒ガーゼ、包帯、三角巾、絆創膏、体温計、ピンセット、安全ピン、ハンドクリーム(手荒れ防止)、お薬手帳	薬を処方されている方は、処方薬や処方箋の控えを取っておきましょう。
貴重品	現金、身分証明書（運転免許証等）、通帳類、証書類、印鑑、健康保険証、パスポート、住基カード、家の鍵、自動車の鍵	公衆電話用に小銭が必要です。書類はコピーも用意しておきましょう。
生活用品	洗面用具(石鹸、タオル)、ティッシュ、ウェットティッシュ、トイレットペーパー、ビニールごみ袋、包装ラップ、紙皿、割り箸、ナイフ、はさみ、缶切り、筆記用具、メモ帳、予備の眼鏡、マスク、消臭剤、ガムテープ、携帯電話・スマートフォン、予備バッテリー・充電器、カセットコンロ・ガスボンベ ※紙おむつ、赤ちゃんのおしり拭きシート、生理用品	乳幼児、お年寄り、身体の不自由な方、病気の方それぞれに必要な物をチェックしましょう。
防災用品	携帯ラジオ(手動充電式等)、LED懐中電灯、予備電池、ろうそく、マッチ・ライター、ヘルメット・防災ずきん、軍手、古新聞、ビニールシート、ホイッスル・携帯ブザー、簡易トイレ、バール、ジャッキ、ロープ、使い捨てカイロ	情報入手手段となるラジオは、AM・FMの両方とも聞けるものを用意しましょう。懐中電灯は停電時や夜間の移動時に欠かせません。一人1個用意しましょう。
衣類・寝具	下着、靴下、防寒具、雨具、寝袋、毛布	衣類は動きやすいものを選びましょう。

災害時のための家族のおぼえ書き

項目＼家族					
〈連 絡 方 法〉					
[171]災害用伝言ダイヤル	☐	☐	☐	☐	
携帯電話伝言ダイヤル	☐	☐	☐	☐	
[web171]災害用ブロードバンド伝言板	☐	☐	☐	☐	
その他	☐	☐	☐	☐	

日常の滞在先

職場・学校等				

避難先リスト

待ちあわせ場所	避難先名				
	経　路				
	ＴＥＬ				
一時避難先	避難先名				
	経　路				
	ＴＥＬ				
広域避難先	避難先名				
	経　路				
	ＴＥＬ				
その他避難先　避難所	避難先名				
	経　路				
	ＴＥＬ				

安否情報連絡先

項目＼氏名					
〈連 絡 方 法〉					
自宅固定電話					
携帯電話					
[171]災害用伝言ダイヤル	☐	☐	☐	☐	
携帯電話伝言ダイヤル	☐	☐	☐	☐	
[web171]災害用ブロードバンド伝言板	☐	☐	☐	☐	
その他	☐	☐	☐	☐	

災害時情報入手先

市区町村　防災関連	
都道府県庁　防災関連	

家族や親戚と連絡が取れるように情報を共有しましょう。

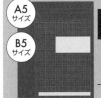

抽選で50名様に別冊ノートをプレゼント！

 「スクールプランニングノート®」2024
ハガキアンケートを実施します。

この度は、「スクールプランニングノート」を手にとっていただき
ありがとうございます。
本商品は、多くの方々からフィードバックをいただきつつ毎年改良を
重ねています。ぜひ、同封ハガキでのアンケートにご協力ください。
下記の期間内にハガキをお送りいただいた方の中から抽選で50名様
に「別冊・記録ノート」を差し上げます。

アンケート実施期間

2024年4月1日〜5月1日（当日消印有効）
※発表は発送をもってかえさせていただきます。

SPノートの公式情報

  **SPノート facebook ページ**
http://www.facebook.com/ 内で
| スクールプランニングノート | 🔍 |
http://www.facebook.com/schoolplanningnote

SPノートユーザー交流の場

http://www.facebook.com/ 内で
| SPノート愛用者の会 | 🔍 |
※アカウント登録およびグループへの参加申請が必要です。

【下記のフォームがダウンロードできます】

 月間計画表（Monthly Plan）
https://www.gakuji.co.jp/spnote_monthly_form/

名簿ページ（Name List）
https://www.gakuji.co.jp/schoolplanningnote/

 提出物管理リスト（Document List）
https://www.gakuji.co.jp/spnote_teishutsulist_form/

9784761929459

1923037028009

ISBN978-4-7619-2945-9

C3037 ¥2800E

定価（本体2,800円＋税）

［School Planning Note®］

Publisher : Hideyuki Abe
Editorial & Advertising Chief : Naoki Mikami

Planning & Direction : Sachiko Toda
Yuki Kuwata
Cover & Logo Design : Kenji Kamei

Planning Advisor : Masaharu Sumita, Masatoshi Senoo
Special Thanks to : Yume Kishi, Akane Kanai
Hiroe Tani, Mari Katouno
Ayaka Odate, Naomi Oshima
Kei Inouchi, M.A, Yuichi Bai
モニターにご協力いただいた全国の先生方

スクールプランニングノート®2024 U
（ユニバーサル）
2023 年 11 月 20 日 初版第 1 刷

編集：スクールプランニングノート制作委員会
制作協力：タナベコンサルティング
発行所：学事出版株式会社
〒 101-0051 東京都千代田区神田神保町 1-2-5
03-3518-9655 （代表）
©Gakuji shuppan Co. Ltd. 2023,Printed in Japan

PERSONAL NOTES

NAME	Birthday
	Blood type

Mobile
Phone   E-mail

Phone   Fax

Address　〒

Passport No.（パスポート）   Health Insurance No.（共済組合員証）

Driver's Licence No.（運転免許証）   Bank No.（金融機関口座）

勤務先	

Phone   Fax

E-mail

Address　〒

緊急連絡先	Relationship

Phone   Office

Address　〒

［このノートは非常に大切な物です。拾われた方は、お手数ですが上記までご連絡をお願いします。］